Gedanken & Zitate

Gedanken & Zitate

RICHARD VON WEIZSÄCKER

zusammengestellt und herausgegeben
von Reiner Ansén

Leib & Seele
Zürich

Umschlaggestaltung: Sandra Hennies, Hamburg
Umschlagfoto: F. Darchinger, Bonn
Foto Frontispiz: Bundespräsidialamt, Bonn
Gesamtherstellung: Offizin Andersen Nexö, Leipzig
Printed in Germany
ISBN 3-906715-00-0

Inhalt

Einführung

Wohl die meisten Deutschen wünschten sich im Frühjahr 1994, daß die Amtszeit Richard von Weizsäckers noch nicht zu Ende sein sollte. Das lag nicht etwa an der unglücklichen Nachfolgediskussion, sondern vor allem an der Person des sechsten Bundespräsidenten.

Mit außerordentlich hoher Stimmenzahl 1984 ins Amt gewählt und 1989 im Amt bestätigt, ist Richard Freiherr von Weizsäcker eine der populärsten Gestalten der deutschen Politik geworden. Der Europäer aus Erfahrung und Überzeugung, der Ski-Langläufer und Bach-Liebhaber, der Vater und Großvater, der Jurist und Bergsteiger, der Christ und Pünktlichkeitsfanatiker, der erst mit knapp fünfzig Jahren sein erstes politisches Amt antrat – wer wollte nicht zustimmen, daß er ein Glücksfall für das Präsidentenamt war und damit auch ein Glücksfall für das Land?

Richard von Weizsäcker ist ein engagierter Politiker, der sich auch als Präsident nicht aufs Repräsentieren beschränkte, sondern stets öffentlich über den Zustand des Gemeinwesens und über Aufgaben der Politik nachdachte und redete. Das hat er als Mitglied des Kirchentagspräsidiums wie als Bundestagsabgeordneter in der Debatte um die Ostverträge 1972 getan, als Leiter der Grundsatzkommission seiner Partei und schließlich viel später auch als Bundespräsident.

Jedermann weiß, daß Politikerreden gewöhnlich arm an Gedanken und reich an Leerformeln, voller erstarrter Sprachmuster und hinter den Kulissen ausgehandelter Sprachregelungen sind. Auch hier hat Richard von Weizsäcker, an dessen Amtssitz Schriftsteller und Künstler verkehrten, immer eine Ausnahme gebildet. Er ist einer der wenigen Politiker, der die sprachlichen und auch intellektuellen Möglichkeiten der Politik und der politischen Rede nicht verkümmern ließ, sondern pflegte. Zahlreiche Preise – wie der Heuss-Preis (1983), der Rhetorik-Preis (1986) oder der Romano-Guardini-Preis (1987) –

stehen für die Anerkennung, die Richard von Weizsäcker dafür gezollt wurde.

Geboren am 15. April 1920 in Stuttgart, besuchte das Diplomatenkind Schulen in Kopenhagen und Bern und machte in Berlin Abitur. Nach ersten Semestern in Oxford und Grenoble 1938 zum Militär eingezogen, im Krieg mehrfach verwundet und ausgezeichnet, nahm Richard von Weizsäcker nach Kriegsende in Göttingen sein Studium in Jura und Geschichte wieder auf und promovierte 1954 zum Dr.jur. Noch als Student assistierte er dem Rechtsanwalt, der bei den Nürnberger Kriegsverbrecherprozessen seinen Vater verteidigte.
Bis kurz vor seiner Wahl in den Bundestag 1969 übte Richard von Weizsäcker verschiedene Tätigkeiten in der Wirtschaft aus. Ab 1969 Mitglied des Bundestages, setzte er sich für den Warschauer Vertrag ein, leitete die Grundsatzkommission der CDU und war 1979-81 einer der Vizepräsidenten des Bundestages. Am 11. Juni 1981 wurde er zum Regierenden Bürgermeister von Berlin gewählt, ein Amt, das er aufgab,

um am 23. Mai 1984 mit breiter Mehrheit zum sechsten Präsidenten der Bundesrepublik Deutschland gewählt zu werden. Dieses Amt bekleidete er bis zum 30. Juni 1994.

Persönliches und Biographisches

Der Wunsch, der mir am meisten am Herzen liegt, ist, daß unsere Enkel eines Tages ohne Reserve und ohne Groll an das werden denken können, was wir aus dieser, historisch gesprochen, einzigartigen Phase zu machen wissen.

Ich bin kein Vakuum-Besetzer, ich versuche zu helfen.

Mir liegt daran, die übliche Entfernung zwischen Politik und Kultur zu überwinden.

Ich stamme nicht aus dem politischen Parteienleben. Das gilt sowohl für meine Jugend als auch für die ganze Nachkriegszeit. Erst im Alter von fast fünfzig Jahren bin ich zum ersten Mal in ein politisches Amt gewählt worden.

Persönliche Erfahrungen wirken immer stärker als rationale Überzeugungen.

Meine Zeit verbringe ich mehr mit Menschen und im Gedankenaustausch als dadurch, daß ich selber Reden halte.

In meiner Familie bin ich einer der wenigen, die nicht wissenschaftlich, sondern praktisch tätig sind, ohne deshalb den Kontakt zur Wissenschaft zu verlieren.

Wir bekamen als Kinder ein noch unbegriffenes, aber elementares Verhältnis zur Politik.

Meine Jugenderfahrungen sind prägend, aber auf ihre Weise untypisch.

Vorfahren von mir waren in früheren Jahrhunderten in Bayern ansässig – überdies unter dem Namen

Wadsack, woraus dann später mein heutiger Name wurde.

Mein Großvater Weizsäcker hat zum Beispiel 1901 eine Schulreform im Landtag eingebracht, in der es darum ging, die Obergrenze der Volksschulklassen von neunzig auf siebzig Schüler herabzusetzen.

Von Geburt bin ich selbst Schwabe. Geprägt hat mich vor allem Berlin.

Geboren wurde ich in einem Haus mit damals angeblich 365 Räumen. Jemand machte die Anmerkung, eng werde es in diesem Haus also nur in Schaltjahren.

Meine Mutter brachte mich in einer Mansarde des Neuen Schlosses zur Welt, in der sie eine Art Behelfsunterkunft gefunden hatte. König Wilhelm bewohnte das Haus zu jener Zeit naheliegenderweise nicht mehr. Statt dessen soll die rote Fahne oben auf dem Königlichen Schloß geweht haben.

Meine Mutter nahm mich gelegentlich mit in Hinterhöfe von Kreuzberg und Neukölln, wo sie alleinstehenden Müttern half, die in bitterer Not lebten.

Als ich sieben Jahre alt war, 1927, zogen meine Eltern nach Berlin. In der Familie, die aus Stuttgart stammt, herrschte das schwäbisch-geistige Element vor. Ich war der Jüngste und hatte Probleme, um mich gegen die drei Älteren zu behaupten. Da kam mir Berlin zu Hilfe. Als erster und einziger in der Familie lernte ich berlinisch sprechen.

In den Schuljahren von 1927 bis 1933 erlebte ich als Kind die politische und soziale Unruhe mit, ohne sie zu verstehen. Als Knirpse lasen wir täglich Zeitungen. Als Sextaner diskutierten wir in den Schulpausen eifrig die Qualitäten neuer Minister, wenn schon wieder eine neue Reichsregierung gebildet wurde, was nach unserem Eindruck ungefähr alle zwei Monate geschah. Wir spürten, wie nervös und in einem uns nicht durchschaubaren Sinne gefährlich die Zeiten waren.

Das war im Winter 1937/38. Ich wohnte in einer französischen Familie, mit der mich noch heute eine Freundschaft verbindet. Wir waren damals in Grenoble ein internationales Studentenvölkchen. Die Atmosphäre unter uns war unbeschwert.

Bei Kriegsausbruch war ich neunzehn Jahre alt. Ich war Soldat und hatte schon achtzehn Monate Dienst hinter mir. Mein Truppenteil war das Infanterie-Regiment 9 in Potsdam. Dort diente auch mein älterer Bruder Heinrich als Leutnant.

Die Hintergründe der politischen Entwicklung unmittelbar vor dem Kriegsausbruch konnten wir als Soldaten nicht durchschauen. Vom geheimen Protokoll zwischen Stalin und Hitler, das die Voraussetzung für den deutschen Angriff auf Polen schuf, wußten wir nichts. Die deutschen Zeitungen waren voll von Berichten polnischer Übergriffe und Provokationen gegen die deutschen Minderheiten. Wer wußte, ob die Berichte stimmten? Geglaubt wurde das meiste.

Wir waren damals im September 1939 keine besseren oder schlechteren Menschen als unsere Väter, die fünfundzwanzig Jahre früher in den Ersten Weltkrieg gezogen waren, oder als unsere Nachkommen, die heute über uns urteilen.

Wir waren, wie die Soldaten in anderen Ländern auch, zum Gehorsam erzogen. Eine Erziehung zur Freiheit und zum demonstrativen Widerstand unter dem Schutz eines liberalen Verfassungsstaates gab es bei uns nicht. Wir hatten Empfindungen, wie Menschen sie immer haben; in einer entscheidungsschweren Zeit hatten wir kaum politischen Durchblick. In meinem Truppenteil jedenfalls waren die allermeisten Soldaten zwar ohne Enthusiasmus, aber von der Überzeugung geprägt, ihre Pflicht zu tun.

Ich selbst war Anfang 1939 nach einem hundert Kilometer langen Übungsmarsch mit Blinddarmentzündung ins Krankenhaus gekommen. Am 20. August wurde mir zur Genesung nach der Operation Urlaub zu meinen Eltern nach Berlin gewährt. Ungefähr am 25. August erhielt ich dort den Befehl, mich sofort zur Truppe in die Kaserne nach Potsdam zurückzumelden.

Wie ich später erfuhr, hatte mein Vater, damals Staatssekretär im Auswärtigen Amt, am selben Tag noch an den verzweifelten Bemühungen teilgenommen, Hitler vom Angriffsbefehl und damit vom Beginn eines neuen Weltkrieges abzuhalten.

Zwei oder drei Tage vor dem 1. September 1939 wurde ich zusammen mit unserem Bataillon – nicht wie im August 1914 mit klingendem Spiel am hellichten Tage, sondern – bei tiefer Dunkelheit und auf Umwegen zu einem Verladebahnhof geführt, ohne Bevölkerung am Straßenrand und ohne Abschied. Es ging an die polnische Grenze bei der Tucheler Heide.

Frühmorgens am 1. September überschritten wir die Grenze. Bald darauf kam es zum ersten Gefecht an einem Bahndamm bei Klonowo. Polen und Deutsche hatten die ersten Verluste.

Bei uns, wenige hundert Meter von mir entfernt, fiel als einer der ersten mein Bruder Heinrich. Wir hatten kaum Zeit, ihn und die anderen Gefallenen zu begraben, und mußten weiterziehen. Das Leiden auf allen Seiten hatte seinen Lauf genommen.

Ende des Zweiten Weltkrieges war ich 25 Jahre alt. Hinter uns lag eine Soldatenzeit, die uns in jungen Jahren manchmal eine menschlich größere Verantwortung zugewiesen hatte, als wir sie später –

in welchen Aufgaben auch immer – angetroffen haben.

Winston Churchill hatte ein bündiges Urteil, als er den Prozeß gegen meinen Vater einen tödlichen Irrtum der Anklagebehörde nannte. Doch damit war es nicht getan. Für mich wurden diese anderthalb Jahre von prägender Bedeutung. Sie gaben mir die nie zuvor so intensiv erlebte Nähe zum eigenen Vater.

Ich war zwar Jurist, hospitierte aber gelegentlich auch in anderen Fakultäten, zum Beispiel bei der Evangelischen Theologie, die in Göttingen damals sehr interessant und belagert war.

Meine Mitwirkung an öffentlichen Angelegenheiten hat sich erst allmählich und relativ spät entwickelt.

Ich möchte dazu beitragen, die Politik gegenüber dem Geist und den Geist gegenüber der Politik zu öffnen und zur Geltung zu bringen. Das ist schwierig, wichtig und lohnend.

Ich bewundere klare Köpfe und gesunden Menschenverstand.

Ich nehme nicht die Position einer moralischen Instanz für mich in Anspruch.

Ich bin ein Pünktlichkeitsfanatiker.

Ich würde fast sagen, ich lerne am meisten von meinen Kindern.

Vor ein paar Monaten besuchte ich in Berlin wieder einmal die Oper. In der Pause näherte sich mir eine weder anmutige noch liebenswerte Berlinerin. Sie streckte mir ihr Programmheft entgegen und sagte grußlos: ›Jeben Sie mir'n Autojramm!‹ Meine Rückfrage: ›Auf das Programm? Ich bin doch kein Künstler!‹ Sie: ›Na ja, ick hätte ja och lieber eens von Pavarotti.‹ Ich: ›Da haben Sie recht. Er bringt ja auch sonst mehr auf die Waage als ich.‹ Sie, noch unerbittlicher als zuvor: ›Na, dann strengen Sie sich mal'n bisken an!‹

Wie sollte ich da nicht … auf die nächste Oper in Berlin gespannt sein? Wie sollte ich mich nicht auf jede Stunde in Berlin freuen?

Politik und Politiker

Politik soll dem Menschen helfen, für sich selbst Verantwortung zu tragen und mitverantwortlich zu sein für die Freiheit des Nachbarn und des Gemeinwesens.

Das eigentlich Politische ist die Selbstverpflichtung.

Die soziale Ordnung durchzusetzen, jedem seine Chance zu geben, das Gleichgewicht und den Haushalt der Natur zu sichern, die Umwelt zu schützen, kurz menschenwürdig zusammenzuleben, das ist die Aufgabe der Politik.

In der Politik kann Kompromißlosigkeit nahe an Gewalt grenzen.

Bei uns sind Politiker keine Literaten, und es ist die ganz seltene Ausnahme, daß eines ihrer zahlreichen Bücher wirklich die Lektüre lohnt.

Politik ist oft nicht so unterhaltsam wie Theater. Aber eine Bühne ist sie auch, und ihre Qualität bekommt jeder zu spüren, im guten wie im schlechten.

Nicht der Kapitalismus versagt, sondern die Politik, wenn wir das freie Spiel der Kräfte am Markt mit dem ganzen Leben verwechseln.

Der Kapitalismus ist ein Wirtschaftssystem, keine politische Wertordnung. Er ist das effektivste System der materiellen Güterversorgung, das wir kennen. Das ist außerordentlich bedeutsam für Mensch und Politik. Aber es ist nicht das ganze Leben.

Der Sozialismus trat gegen den Kapitalismus an. Er fand ihn vor als die wirtschaftliche Macht, die vermeintlich alles beherrschte. Es ist sein Verdienst, die gewaltige Bedeutung des Wirtschaftlichen erkannt und ihre Gefahren bekämpft zu haben. Aber weil er den Kapitalismus für die Wurzel schlechthin alles Bösen hielt, überschätzte er das Wirtschaftliche. Und soweit er zur Heilung des Übels nur ein sozialistisches Wirtschaftssystem gegenüberstellte, unterschätzte er den Einfluß demokratischer Politik auf den Kapitalismus und verkannte dessen Fähigkeit, dazuzulernen, sich anzupassen und neue Aufgaben zu lösen.

Der Kapitalismus hat eine ungeheure Steigerung der Leistungskraft unserer Volkswirtschaft gebracht. Aber er hat die Gefahr entwickelt, sich zum Herrscher über unsere Werte aufzuwerfen, anstatt ihnen zu dienen.

Heute gibt es neue, schwerer greifbare Gefahren der Freiheit: technischen Massenzwang, anonyme Bürokratie, zentrale Vereinheitlichung und Rationalisierung. Es fehlt die Nachfrage nach den eigenen schöpferischen Kräften des Menschen, die er um seiner Freiheit willen braucht und ohne die auch das Gemeinwesen gar nicht auskommt.

Es ist lebensgefährlich, wenn man junge Demokratien zuerst mit der Erfahrung konfrontiert, daß die Reformen mit Not und wirtschaftlichen Krisen Hand in Hand gehen.

Moralische und reale Interessen gehören in der Politik wie im Leben zusammen. Wer die Moral absolut setzt, der wird zum überheblichen Ideologen. Wessen Interessen nicht moralisch fundiert sind, der hat ein falsches Verständnis und ist ein schlechter Vertreter von Interessen.

Freiheit ist die Voraussetzung für wirklichen Wohlstand. Aber es wäre eine schlechte Freiheit, die sich darin erschöpfen würde, wirtschaftlichen Wohlstand im eigenen Hause zu ermöglichen.

Die größte Stärke der Marktwirtschaft ist Lernfähigkeit.

Wenn Politik eine Sache der Menschen ist, dann handelt sie von der Freiheit, nach der es den Menschen verlangt. Damit handelt sie aber zugleich auch von der Verantwortung, ohne die die Freiheit ins Chaos führt und verlorengeht. Und Verantwortung bedeutet Solidarität untereinander, in der sich die Freiheit erfüllt – Liebe, wie wir als Christen sagen.

Aber das Ziel politischen Handelns ist der Mensch. Jede Politik entspricht, bewußt oder unbewußt, einem Menschenbild.

Die Courage jeder Generation entscheidet über unsere Zivilisation neu.

Auch die Politik hat ihre Würde.

Die politische Ordnung soll nicht berufen sein, auf letzte Fragen nach dem Sinn des Lebens und der Welt zu antworten.

Bei uns ist ein Berufspolitiker im allgemeinen weder ein Fachmann noch ein Dilettant, sondern ein Generalist mit dem Spezialwissen, wie man politische Gegner bekämpft.

Die Politik sollte die Nähe zum Geist suchen und die kritische Stimme aus diesem Bereich nicht scheuen, sondern bereit sein, von ihr zu lernen.

Die Menschen sind der Politik oft voraus und ebnen den Weg.

Wir können und müssen uns bemühen, die politische Ordnung nach dem Maßstab der Liebe zu bessern. Erlösen aber können wir sie nicht.

Freundschaft bewährt sich in der Politik nicht anders als im privaten Leben, besonders dann, wenn der andere in eine Krise gerät.

Sind wir wirklich Geber- und nicht Nehmerländer, wenn wir die Ressourcen der armen Länder zu unseren Bedingungen für uns in Anspruch nehmen?

Wer für Menschenrechte eintritt, der muß auch bereit sein, den Hunger zu bekämpfen.

Keine der großen Aufgaben unserer Zeit läßt sich noch im engen nationalen Rahmen lösen.

Die jetzt vielerorts verkündete Maxime, wonach eine staatliche Nation nur aus einem Volk bestehen dürfe und daß in ihrem Rahmen keine Minderheit geduldet werden könne, ist unerträglich. Sie verstößt gegen die elementaren Grundsätze der Humanität.

Konflikte, mit denen wir es in der Politik zu tun haben, können wir in humaner Weise austragen, wenn es eine gemeinsame Überzeugung, einen übereinstimmenden Bezug aufs Ganze gibt: daß es nämlich um eine Wahrheit geht, die uns allen voraus ist und auf die wir alle bezogen sind. Sie kann nie nur meine Wahrheit sein. Aber im Austausch mit anderen kann ich mehr von ihr begreifen als allein.

Es heißt immer, die Geographie sei das einzige, was sich in der Politik nicht verändere. Das ist eine Halbwahrheit.

Es gibt eindrucksvolle Beispiele in der Geschichte dafür, daß der Respekt für die Gesetze, die sich mit dem Zusammenleben der Menschen befassen, mehr als nur eine Verstandesbeziehung begründen kann.

Dezentralisierung und Selbstverwaltung sind wesentliche Elemente freiheitlicher Politik.

Es ist eine gefährliche Illusion, im Zeichen der Freiheit Herrschaft abschaffen zu wollen. Worum es geht, ist Herrschaft einzugrenzen, durchschaubar, kontrolliert und vor allem personal verantwortlich zu machen. Dazu verpflichtet uns die Freiheit.

Emanzipation ist noch nicht Freiheit.

Der Staat ist keine vorgesetzte Behörde, sondern die Gemeinschaft der Bürger.

Wir selbst sind der Staat.

Wir haben eine Verfassung, aber wir sind keine Verfassung. Es gibt Bereiche des menschlichen Lebens, die die Verfassung nicht ausfüllen kann. Natur und Herkunft gehören dazu.

Wir nehmen die Verhältnisse nicht als unveränderlich hin. Wir handeln in der Zuversicht, daß es sich lohnt, uns für die Zukunft einzusetzen. Die Nüchternheit gibt unserer Leidenschaft in der Politik das menschliche Maß.

Kunst und Kultur

Ich bin kein Künstler. Aber auch ich stehe immer wieder vor der Situation, mich mit Werken der modernen bildenden Kunst auseinanderzusetzen. Auf Anhieb verstehe ich davon vieles nicht, finde auch manches gar nicht schön. Dann sollte man sich in dieser Lage nicht damit begnügen zu sagen: das taugt nichts. Man sollte fragen: wie kommt eigentlich die Kunst in unserer Zeit dazu, einen Ausdruck für diese Zeit zu finden, gegen den ich mich auch irgendwo wehre.

Kultur, verstanden als Lebensweise, ist vielleicht die glaubwürdigste Politik.

Kultur ist kein politikfreier Raum.

Kultur ist … eine Sache von jedem Menschen,

seine Art und Weise, die Welt zu sehen,
in der wir leben. Das ist es, was ich unter Kultur verstehe.

Eine Kultur, die versuchen wollte, in einem politikfreien Raum zu leben, würde nicht nur das falsche Kampffeld wählen und auf ihm unterliegen, sondern sie würde vor allem ihr eigenes Wesen, ihren bestimmenden substantiellen Rang verleugnen und verfehlen.

Im ausgehenden 20. Jahrhundert gehört die Natur zentral zum Kulturbegriff.

Kultur ist kein abfragbares Wissen, kein Katalog von Vorschriften, sondern eine humane Lebensweise.

Die Literatur hat die Freiheit und das legitime Recht, kompromißlos zu sein.

Es gehört zur großen Kraft der Kunst, sich mit dem Unmöglichen auseinanderzusetzen.

Tolstois ›Krieg und Frieden‹ habe ich insgesamt dreimal gelesen, darunter einmal mit meiner Frau.

Manchmal heißt es, Theater sei Luxus. Dann ist Regierung eben auch ein Luxus. Zuweilen fragt sich, auf welchen Luxus man eher verzichten könnte. Ich bin natürlich nicht gegen Regierungen, sondern ich bin für Luxus.

Ich finde, daß Kunst zum Leben als ganzem gehört und ihre Rolle über das bloß passive Aufnehmen hinausgeht.

Kunst, das ist ein ganz eigener produktiver Zugang, um das Leben zu verstehen und das Leben zu ermöglichen.

Die Auseinandersetzung mit der Kunst ist Auseinandersetzung mit unserer Zeit und mit uns selbst.

Das Ethos der Literatur ist keiner Veränderung zugänglich. Es ist ein Ethos der Freiheit zur Wahrheit. Diese Wahrheit mag oft im Wortsinne trost-los sein. Der Trost, den Literatur dabei zu vermitteln vermag, ist der, daß es nur in dieser Wahrheit, auch wenn sie trostlos ist, eine geistig redliche Existenz zu führen gibt.

Die Gegenwelten der Literatur sind nicht absurder, als es die Wirklichkeit ist.

Und eine Literatur, die in der Lage ist, das Lebensgefühl eines Menschen, das Lebensgefühl einer Gesellschaft und eines ganzen Landes … literarisch eindrucksvoll und menschlich zugänglich zu schildern, so, wie das natürlich Thomas Mann zu seiner Zeit in herausragendem Maße gemacht hat, das

ist eigentlich etwas, was uns in der heutigen Literatur
ein bißchen fehlt.

Kultur kostet Geld. Sie kostet Geld vor allem deshalb, weil der Zugang zu ihr nicht in erster Linie durch einen privat gefüllten Geldbeutel bestimmt sein darf.

Zwar kostet Kunst etwas und zuweilen bitter viel, aber nicht alles, was viel kostet, ist auch Kunst.

Musik kommt der Erkenntnis dessen, was die Seele ist, am nächsten.

Vieles, was uns an der Kunst unserer Zeit nicht verständlich ist, ist für uns Grund zur Nachdenklichkeit, nicht so sehr über die Kunst, sondern über die Zeit.

Kunst ist immer ein Spiegel des Bewußtseinszustandes und der unbeantworteten Fragen einer Gesellschaft.

Es handelt sich bei der Kultur nach meinem Verständnis nicht primär um Kunst, also Musik, Literatur oder Malerei. Kultur heißt Anbauen und Pflegen, heißt, sich mit einer möglichst hohen Sensibilität begegnen.

In Wahrheit aber ist doch Kultur das eigentliche Leben. Sie ist kein Vorbehaltsgut für Eingeweihte, sondern unser aller Lebensweise. Sie ist folglich die Substanz, um die es geht.

Über Deutschland

Die Tatsache, daß ich Deutscher bin, durchdringt mein Leben auf vielfältige Weise, ob ich mir dessen bewußt bin oder nicht.

Fragen wir danach, was Deutschland geographisch, politisch und kulturell umfaßt, so fällt eine gültige Antwort schwer. Dies ist eine Folge unserer bewegten Geschichte, besonders im Hinblick auf unsere Grenzen.

Die deutsche Geschichte hat noch nie Deutschland allein gehört.

Jahrelang bin ich in Berlin zur Schule gegangen. Den ganzen Krieg über war ich Soldat, vor allem in Polen und Rußland. Meine Schwester war in

Ostpreußen verheiratet. Der Bruder meines Vaters lebte in Breslau. Mein Gefühl, daß uns in der Bundesrepublik als Deutschen etwas Entscheidendes fehlt, wenn alle nachwachsenden Generationen gar keine eigene Anschauung mehr davon haben, wie eigentlich ein Deutscher aus Greifswald oder Bautzen spricht und empfindet, war bei mir besonders ausgeprägt.

So gewaltig die Zäsur ist, die der 9. November mit seinen Folgen gebracht hat, so wenig gibt es eine Stunde Null.

Das heutige Deutschland ist nicht die Weimarer Republik.

Das vom Patriotismus erzeugte Gefühl persönlicher, uneingeschränkter Vaterlandsliebe wurde für Feindschaft, nationalen Egoismus, Abgrenzung gegen andere Völker mißbraucht.

Ein Weltbürger kann eine überzeugende humane Haltung haben, wenn er selbst nicht ortlos ist. Toleranz blüht nicht in der wurzellosen universalen Verschmelzung, sondern im Bewußtsein des eigenen Standortes. Dieser ist es, der den Respekt vor dem Standort des anderen vermittelt.

Patriotismus hat immer eine Patria. Weltoffenheit und Patriotismus sind keine Gegensätze. Wer im eigenen Land beheimatet und verwurzelt ist, der wird den Patriotismus seines Nachbarn verstehen und achten.

Gewiß, wir haben unsere besonderen Schwierigkeiten mit unserem Nationalgefühl. Unsere eigene Geschichte mit ihrem Licht und ihren Schatten und unsere geographische Lage im Zentrum Europas haben dazu beigetragen. Aber wir sind nicht die einzigen auf der Welt, die ein schwieriges Vaterland haben. Das sollten wir nicht vergessen.

Das Erscheinungsbild der Deutschen in der Welt mag für andere Völker nicht immer herzerwärmend sein.

Immer wieder gab es die romantische Suche nach einem dritten Weg für die innere Ordnung Deutschlands und für seinen Platz in Europa. Aber es waren Illusionen.

Der Gedanke des Patriotismus hat ältere Wurzeln als der Begriff der Verfassung oder jener der Nation.

Ich bin Deutscher, wie ein Franzose ein Franzose ist oder ein Italiener ein Italiener. Dies ist weder ein Makel noch ein Verdienst. Man hat es sich nicht ausgesucht, genausowenig wie die Zeit, in der man lebt und die einen prägt, das ausgehende 20. Jahrhundert.

Wir sind eine Nation unterwegs nach Europa.

Man kann das Deutsche ohne das Europäische gar nicht verstehen und umgekehrt.

Zu dem Nationenbegriff des 19. Jahrhunderts werden wir Deutschen nicht zurückkehren.

Der politische Schwerpunkt meiner Gedanken und meiner Tätigkeit lag immer bei der Deutschland- und Ostpolitik.

Es ist nun einmal eine Welt voller gewaltiger neuer Anfänge, Chancen und Risiken. Und wir Deutschen sind mittendrin. Historische Erinnerungen und Sorgen vor neuen Unberechenbarkeiten der Deutschen sind verständlich, aber es sind die Verhältnisse selbst, die uns berechenbar machen werden. Wir haben gar keine ernsthaften Alternativen. Und gewisse Unarten müssen wir uns abschleifen.

Die erste Empfindung am 9. November 1989 und in

der unmittelbar folgenden Zeit war eine rückhaltlose, tiefe und erstaunte Freude.

In Wirklichkeit war ja niemand auf der Welt – vor allem auch die Deutschen selbst nicht – politisch auf diesen Tag vorbereitet.

Die Deutschen scheinen seit alters her ein besonderes Organ für Wandlung und Werden gehabt zu haben.

Einigungsvertrag ja, aber inwieweit war die DDR als Einigungspartner dabei konzeptionell wirklich vertreten? Sie erhielt den amtlichen Taufnamen ›Beitrittsgebiet‹. Begriffe sagen genug.

Die Deutschen in der DDR haben unter schwierigsten Bedingungen menschlich Wesentliches bewirkt, von dem wir nur hoffen können, daß es zur Substanz des vereinigten Deutschlands gehören wird.

Aber Zusammenwachsen vollzieht sich in einer tieferen menschlichen und geistigen Schicht. Das kann gar nicht über Nacht gelingen.

Es liegt nicht nur in unserem eigenen, sondern im Interesse aller, daß die Vereinigung innerlich gut gelingt.

Es kann nicht im Westen alles beim alten bleiben und im Osten alles von vorn beginnen.

Daß aber gerade im ersten Zuge der Vereinigung geistig-politische Bestandsaufnahme, Reflexion und Konzeption not tat, darin zeigte sich unser politisches System überfordert.

Hineinwachsen durch unüberhörbares Mitdenken, Mittun und Mitverantworten, so stark wie möglich in der Sache und so behutsam wie möglich in der Form.

Wollte der Westen versuchen, sich vom Erbe der DDR freizuzeichnen, so würde er sich dem historischen Lastenausgleich entziehen und eine wahrheitsgemäße Einsicht in den Ablauf dieser Geschichte verweigern.

Zusammenwachsen wird gelingen, wenn wir uns zusammen besinnen, in Ost und West, und wenn keiner es ausschließt, sich selbst zu überprüfen.

In einem System, das ohne Lüge nicht auskommt, können auch Akten lügen.

Menschlich unzumutbar und rechtsstaatlich unerträglich wäre es, über die Stasi-Herrschaft einen Mantel des Vergessens zu breiten.

Im Ergebnis bleibe ich dabei, daß wir weder das Recht noch die Möglichkeit haben, den eingeschlagenen Weg zur Arbeit an der Vergangenheit mit juristischen, politischen oder moralischen Mitteln abzubrechen.

Die SED hatte eine Teilung zu verordnen versucht. Sie hatte gemeint, es genüge, sich als sozialistische Zukunftsgesellschaft zu proklamieren, um sich von der Last der Geschichte zu befreien.

Man kann die Nazizeit mit dem SED-Regime nicht vergleichen.

Der SED-Staat hat keinen Krieg begonnen und keinen Holocaust zu verantworten.

Die Mehrheit der deutschen Bevölkerung ist nicht mit Gewalt in die nationalsozialistische Herrschaft hineingezogen worden. (...) Die Diktatur der SED dagegen wurde von außen aufgezwungen.
Die Bevölkerung wurde nicht gefragt, sondern zum Mitmachen genötigt. Das hat ganz andere Probleme der Anpassung mit sich gebracht, doch zur Anpassung an unabänderliche Verhältnisse neigen Lebewesen.

Deutschland gehört zu den Industrieländern, zu den reichen Staaten auf der Welt. Es hat infolgedessen seinen vollen Anteil an der Verantwortung für die Zukunft in der unüberwundenen, ja noch wachsenden Kluft in den Lebenschancen zwischen Nord und Süd.

Zum ersten Mal bilden wir Deutschen keinen Streitpunkt auf der europäischen Tagesordnung. Unsere Einheit wurde niemandem aufgezwungen, sondern friedlich vereinbart. Sie ist Teil eines gesamteuropäischen geschichtlichen Prozesses, der die Freiheit der Völker und eine neue Friedensordnung des Kontinents zum Ziel hat.

Die alte Bundesrepublik hat über mehr als vier Jahrzehnte hinweg eine wirtschaftlich erfolgreiche und sozial gute Geschichtsphase erlebt. Aber die Erfolge sind vielfach in Besitzstände verwandelt worden. Das wiederum führt dazu, daß es mit der Beweglichkeit nicht sehr weit her ist …

Es gibt ja übrigens manche Leute, die nach dem Schlußstrich gegenüber der Nazi-Vergangenheit gerufen haben, sich aber gegen einen Schlußstrich, was die SED-Vergangenheit anbetrifft, zur Wehr setzen.

Wir Deutschen müssen noch kräftig an der inneren Einheit arbeiten. Und erst wenn sie menschlich gelingt, werden wir die Suche nach der verlorenen Normalität einstellen können.

E t h i k

Keine noch so kluge Theorie, keine noch so ausgefeilte Kalkulation ersetzt die grundlegende Erfahrung der Menschen aller Kulturen und Religionen, daß der Mensch sich dem anderen erst dann wirklich zuwendet, wenn er mit ihm teilt.

Wir schulden den späteren Generationen keinen geringeren Schutz als den Lebenden.

Wir brauchen eine Ethik, um uns darüber klarzuwerden, daß wir mit dem Handeln nicht so lange warten können, bis wir mehr Gewißheit haben, um zu erkennen, daß Nichthandeln mehr kosten kann als noch so unvollkommenes Handeln.

Die notwendigen Kriterien können wir wohl nur mit Hilfe einer Verantwortungsethik bestimmen …

Die Gerechtigkeit stellt sicher, daß das gesellschaftliche Leben nicht nur ein Nehmen, sondern auch ein Geben ist.

Wenn Sie eines Tages vortreten, um Rechenschaft abzulegen, so zählt nicht, was Sie vom Leben bekommen haben, sondern, was Sie im Leben gegeben haben.

Rechthaber gibt es genug, die die allgemeingültigen ethischen Wahrheiten ihrer Standpunkte und Interessen vertreten.

Jedes dauernde menschliche Verhältnis kann nur auf wahrer wechselseitiger Achtung beruhen.

Junge Menschen sind geprägt von den Forderungen eines moralischen Rigorismus. Das war zu allen Zeiten das Privileg der Jugend. Wir Älteren sollten dagegen nicht Front machen. Verantwortliche ethische Grundsätze haben es schwer genug in der Welt. Wer soll für sie kämpfen, ohne gleich zu relativieren, ohne gleich an Bedenken, Relativierung und Kompromisse zu denken, wenn nicht die Jugend?

Schuld reicht weiter als Strafbarkeit.

Die Kraft zur Einsicht in eigene Schwäche, Versagen und Schuld kann Wunder wirken.

Noch leben wir in unverantwortlichem Ausmaß auf Kosten anderer Teile der Welt und zu Lasten der Zukunft.

Es gibt in unserer geschichtlichen Wirklichkeit keine Rechtsethik ohne religiöse Wurzeln. Es gibt keine wichtige Religion ohne den Beistand rechtsethischer Normen.

Jeder ist verantwortlich für das, was er tut und mitverantwortlich für das, was er geschehen läßt.

Wir brauchen Ethik, um technologischen Fortschritt so lenken zu können, daß er ökologischen Rückschritt umkehrt, anstatt ihn zu beschleunigen.

Wir brauchen Ethik, um eine Weltbevölkerung von fünf Milliarden ernähren zu können.

Maßstäbe für den Umgang miteinander ergeben sich aus den Erfahrungen während der Kindheit. Maßgeblich dafür ist das Beispiel der Älteren in der Familie, ist die Schule, ist aber auch das Fernsehen.

Das Gewissen ist persönlich, nicht kollektiv.

Ich kann die Würde meines Nachbarn von meiner eigenen gar nicht trennen. Ich kann sie überhaupt erst empfinden, wenn ich den anderen in seiner Würde achten lerne.

Nicht in einem weltfernen ethischen Überbau, sondern mitten in den Problemen dieser Welt selbst haben sich die ethischen Maßstäbe zu bewähren.

Die Würde ist der unaufgebbare sittliche Kern einer jeden Person.

Der Sitz der Moral sind die Umgangsformen, die die Verfolgung der eigenen Interessen gemeinwohlverträglich machen, und die Verhaltensregeln und Institutionen, die das gewährleisten, dagegen nicht eine vorgeschriebene staatliche Zielsetzung.

Gerade weil unsere Zeit so stark von technischen Großsystemen und materiellen Leistungsmaßstäben geprägt ist, wird personale Zuwendung um so wichtiger.

Kein Wissenschaftler kann und darf heute sagen: Ich bin einfach neugierig, ich diene der Wahrheit, für die Folgen meiner Arbeit sind andere verantwortlich.

Denn sich von jeder Bindung, jeder mitmenschlichen Verpflichtung und jedem Verzicht befreien zu wollen, das macht unser Leben nicht frei, sondern arm, einsam und sinnlos.

Die Sehnsucht des menschlichen Herzens geht gewiß über eine Denver-Clan-Koexistenz hinaus.

Den anderen zwar hinnehmen, aber ihm gegenüber gleichgültig zu bleiben – das wäre eine Toleranz in der Nähe der Mißachtung.

Was uns not tut, ist aber nicht die Emotionalisierung, sondern die gemeinsame sachliche und strenge Suche nach einer angemessenen Ethik.

Christentum

Als Christen unterscheiden wir zwischen dem Letzten und dem Vorletzten. Unsere Existenz haben wir vom Letzten her, vom Reich Gottes. Wir leben aber nicht in diesem Letzten, sondern im Vorletzten, in der noch unerlösten Welt. Die Spannung zwischen beiden bestimmt unaufhörlich unsere Existenz. Auch als Christen sind wir eingeordnet in die weltliche Ordnung. Wir sind staatsangehörig, also mitverantwortlich.

Glaubenssätze sind etwas anderes als Politik.

Wie keine andere Quelle kann uns die Bibel lehren, daß wir selbst die Verantwortung für diese Welt haben.

Die Bibel ist kein Rezeptbuch.

Die großen Probleme der Zeit wären lösbar, wenn wir Menschen in der Lage wären, persönlich und politisch gemäß der Bergpredigt zu handeln. Ihren absoluten sittlichen Forderungen zu entsprechen, wäre vielleicht die einzige ausreichende Antwort, um Frieden und Gerechtigkeit zu erlangen.

Wir begegnen der Erfahrung, daß der Mensch nicht das Maß aller Dinge ist, daß er nicht alles deuten, nicht allem und nicht sich selbst den letzten Sinn geben kann.

Das Evangelium gewährt uns die Hoffnung auf die Zukunft. Aber wir erfassen die lebendige Kraft dieser Hoffnung überhaupt nur im vollen Einsatz für unsere gegenwärtigen Aufgaben. Wir erfahren die Freiheit, in der wir getrost bestehen können, nur, wenn wir unsere Lebenskraft und leidenschaftliche Beharrlichkeit den heutigen Nöten zuwenden.

Auch wenn wir als irrende Menschen immer wieder den Maßstab der Liebe verfehlen, so wissen wir, daß in der Liebe mehr Kraft steckt als in irgendeiner anderen Macht.

Christus verkündigt kein politisches Programm. Er sagt nicht: Dies ist die Wahrheit. Er sagt vielmehr: Ich bin die Wahrheit. Das bedeutet: Nicht auf ein Dogma und eine Ideologie kommt es an, sondern auf ein Verhalten.

Wer den Menschen in den Mittelpunkt rückt, muß sich also zuerst der Verhältnisse annehmen, unter denen der Mensch lebt.

Politisch gesprochen lag der entscheidende Beitrag des Christentums darin, daß es den Blick auf den einzelnen Menschen wendete. Der Mensch ist der unverwechselbare, einmalige, persönlich von Gott Gerufene. Das macht ihn zur Person. Seine Würde ist unantastbar. Sie gehört zu ihm unabhängig von Erfolg oder Mißerfolg und unberührt vom Urteil der anderen.

Diese Erkenntnis ist unverändert aktuell für die Bestimmung von Werten und Zielen in der Politik.

Das Evangelium ist keine donnernde Bußpredigt.

Wir leiten aus christlichem Glauben kein bestimmtes Programm ab.

Nach christlichem Verständnis ist Gott der Grund für Sinn und Sein. Ihm verdankt sich der Mensch, nicht sich selbst. Damit ist er vom Zwang befreit, sich und der Welt einen letzten Sinn zu geben. Diese Erkenntnis befreit und verpflichtet ihn zur sittlichen Entscheidung.

Wir Christen müssen den anmaßenden Irrtum ablegen, wir seien der alleinige Hort der Vernunft, der Aufklärung und des Rechts.

Wie immer wir es im einzelnen sehen mögen – mit einer Gottferne der Welt oder mit einer Weltferne der Kirchen –, was unsere heutige Welt umtreibt, sind allem äußeren Anschein zum Trotz Fragen von zutiefst religiösem Charakter.

In einer Welt, die unter Leid und Kampf die gemeinsamen Aufgaben der Menschen sucht, ist die gespaltene Christenheit unglaubwürdig.

Aber Irrtum, Schuld und Scheitern sind nicht die letzten Worte. Der radikalen Forderung der Bergpredigt folgt kein Verdammungsurteil: Der Kern der Botschaft Christi ist die Zusage; sie richtet sich an alle Menschen. Sie befähigt und befreit zur Zuversicht und zur verantwortlichen Lebensführung.

Gesellschaft und Demokratie

Die Gesellschaft ist für den Menschen da, nicht aber der Mensch für die Gesellschaft.

Gesellschaften werden durch Ziele und Zwecke, Rechte und Pflichten anstatt durch bloßes Zusammengehörigkeitsgefühl definiert.

Solidarität ist die wichtigste und zugleich die schwierigste Forderung für das freie Zusammenleben von Menschen, Gruppen und Staaten.

Die Achtung vor der Würde des Menschen beweist sich ja nicht darin, daß wir den sogenannten Stützen der Gesellschaft Respekt entgegenbringen, sondern daß wir gerade auch denen unsere Achtung erweisen, die am Rand oder außerhalb dessen stehen, was fälschlich ›die Gesellschaft‹ genannt wird.

Nicht Bekehrung, sondern Überzeugung ist das Fundament der Demokratie.

Eine Gesellschaft, die zuläßt, daß das Leben Zufluchtsuchender und Andersdenkender bedroht wird, eine solche Gesellschaft attackiert sich selbst in ihrem Kern: in ihrer eigenen Würde und in ihrer Freiheit.

Welche Wünsche gibt es in dieser Gesellschaft? Worin findet sie ihre Übereinstimmung? Wo geht ihr Konsens über Marktwirtschaft und Wohlstand hinaus?

Denn die Familie bietet entscheidende Erfahrungen für das Zusammenleben. In keinem anderen Rahmen können alt und jung auf vergleichbare Weise lernen, was Selbst- und Mitverantwortung bedeutet.

Heute haben wir es zunächst und vor allem mit einem gewaltigen Bedarf in der Gesellschaft an Orientierung zu tun.

Wir erleben eine wahre Renaissance der Demokratie in weiten Teilen der Welt.

Die Demokratie verzichtet zum Glück darauf, aus Menschen Engel zu machen. Sie nimmt den Menschen, wie er nun einmal ist. Gerade das macht ihre Humanität aus.

Ich denke, wir müssen uns fragen, wie es mit der Kraft der liberalen Demokratie bei uns steht, um die Schwächen der Zeit zu erkennen, den Immobilismus der Gesellschaft zu überwinden, um aus dem verständlichen, aber unzureichenden Vorteilsdenken herauszufinden.

Ein demokratischer Staat kann – wir alle wissen das – nicht besser sein als seine Bürger, die für ihn verantwortlich sind.

Politische Prozesse sind, zumal in wahlabhängigen

Demokratien, fast stets von Ungeduld geprägt, dagegen nicht von der Freude an präzisen Definitionen.

Eine Partei ist, wie die lateinische Wurzel des Wortes besagt, nicht das Ganze, sondern Teil des Ganzen.

Nach meiner Überzeugung ist unser Parteienstaat von beidem zugleich geprägt, nämlich machtversessen auf den Wahlsieg und machtvergessen bei der Wahrnehmung der inhaltlichen und konzeptionellen politischen Führungsaufgabe.

Die Parteien sind geschaffen, damit sie im Wettbewerb untereinander nach den besten Lösungen für die Probleme suchen. Sie haben eine dienende Funktion gegenüber den Problemen.

Es gibt – oder ich kenne jedenfalls – keine Alternative zu politischen Parteien in demokratischen Massengesellschaften.

Es genügt nicht, auf die Politik zu schimpfen. Man kann ja auch helfen.

Es ist nicht notwendig, daß Chefärzte, Schulrektoren und Vereinsvorsitzende von den Parteien mittelbar oder unmittelbar bestimmt werden.

Ich bin für mehr plebiszitäre Elemente, auch auf Bundesebene. Wir dürfen uns nicht darauf beschränken, unreflektiert auf die negativen Erfahrungen aus der Weimarer Zeit zu verweisen.

Immer geht es um die Grundbedingungen des Zusammenlebens im Staat und in der Gesellschaft, ohne die der Begriff der Politik gar keinen Sinn hat.

Eine freiheitliche Demokratie funktioniert auf die Dauer nur, wenn sie keine bloße Summe von Privatinteressen, sondern auch Gemeinwesen ist, wenn wir uns durch sie und in ihr zusammenhalten.

Wer in der Demokratie zu einem Dienst berufen ist, der Verantwortung für andere umfaßt, hat nicht hinterherzulaufen, sondern voranzugehen.

Wir machen keinen guten Staat, sondern wir zerrütten ihn, wenn jeder versucht, mehr mitzunehmen als er einbringt.

Manche Leute meinen, Demokratie vertrage Führung nicht. Nach meiner Überzeugung leiden Demokratien eher unter zuwenig als unter zuviel Führung.

Der Staat, das sind wir selber.

Das Wichtigste ist in erster Linie, daß man zum ›Selbsttun‹ und nicht zur Passivität erzogen wird.

Freiheit ist keine Ware, die der Staat produzieren und der Bürger konsumieren kann.

Der demokratische Staat kann wesentliche Voraussetzungen, von denen er lebt, nicht selbst schaffen.

Die Familie ist und bleibt unverzichtbar.

Es ist kein Zufall, sondern geschichtlicher Erfolg der demokratischen Idee, daß über die Grundwerte der Freiheit, der Solidarität und der Gerechtigkeit kein Streit besteht.

Heimat ist aber, so hieß es, nicht nur dort, wo man geboren ist. Heimat ist der Ort, wo man in Verantwortung genommen wird und wo man verantwortlich sein kann.

Es scheint, als ob unsere Gesellschaft im Westen nichts mehr fürchtet als eine Veränderung des bestehenden materiellen Zustandes. Das ist die Utopie des Status quo.

Der Inhalt des Friedens ist die Menschlichkeit.

Für den Sieger in einem demokratischen Kampf ist die Einsicht maßgeblich, daß mit seinem Sieg nicht seine ›Wahrheit‹ besiegelt wird, sondern daß er den Auftrag hat, sie dem Test der praktischen Bewährung zu stellen. Dem muß die Einsicht des Verlierers entsprechen, daß nicht seine ›Wahrheit‹ widerlegt ist, sondern zunächst einmal die Demokratie gesiegt hat.

Wir sind alle miteinander in eine weit größere Interdependenz der politischen und sozialen, der technologischen und infrastrukturellen, der ökonomischen und ökologischen Lebensverhältnisse hineingewachsen. Das ist wichtiger als die geographische Lage, für sich allein betrachtet.

Die Demokratie idealisiert uns Menschen nicht. Sie nimmt uns, wie wir sind.

Das Grundgesetz sagt, daß es Sache aller staatlichen Gewalt ist, die Menschenwürde zu achten und zu schützen. Aber leben kann sie nur davon, daß jeder von uns sie als Verpflichtung versteht.

Es gibt keine absolute Garantie dafür, daß die Demokratie der Wahrheit am nächsten kommt.

Die Motivation des Bürgers ist eine politische Aufgabe. Mißlingt sie, dann kann auf die Dauer ein freies Gemeinwesen nicht bestehen.

Die Demokratie kann nur bestehen, wenn die langfristigen Überlebensfragen der Menschheit schonungslos erörtert und glaubwürdig beantwortet werden.

Zur Freiheit gehört die Verantwortung für sich selbst. Wer dies gelernt hat, kann auch mitverantwortlich für andere handeln. Er kann solidarisch sein.

In einer Demokratie kommt es auf die Gesellschaft im ganzen an, auf ihren Willen, ihre Moral, ihre Einsicht, ihren Geist, dagegen nicht allein auf Parteien.

Die Parteien sind vollkommen unentbehrlich. Wenn sie einen Ansehensverlust in der Bevölkerung erleiden, dann ist das für die Demokratie nicht gut.

Ich glaube doch, daß auch bei vielen Teilen der Bevölkerung dem Staat gegenüber eine gewisse Veränderung zu konstatieren ist, auf der einen Seite hält man sich von ihm eher fern, daß heißt, man privatisiert, andererseits aber wird der Staat als eine Dienstleistungsagentur betrachtet und mit immer neuen Ansprüchen konfrontiert, auch überfordert.

Aber der Staat ist ja keine von den Menschen unabhängige Instanz, der Staat, das sind wir. Wenn wir aber der Staat sind, dann können wir von ihm nicht nur Wohltaten erwarten, sondern wir müssen uns zu ihm auch stellen.

Wir haben es insbesondere in den schrecklichen Ereignissen vor allem des Jahres 1992 erlebt, wie ungeheuer wichtig, elementar wichtig die Haltung der Nachbarn, der ganz normalen Mitbürger in den Dörfern und Städten ist.

Wir definieren ja Arbeit nach wie vor fast ausschließlich als Erwerbsarbeit. Das erinnert dann an die These, in Frankreich arbeite man, um zu leben, und in Deutschland, da lebe man, um zu arbeiten.

Es gibt Arbeit, die den Menschen gewiß nicht weniger erfüllt als Erwerbsarbeit.

Geschichte

Der, der die Vergangenheit verleugnet, läuft Gefahr, sie zu wiederholen.

Geschichte, das ist ja nicht bloß eine Konstruktion von Gedanken, sondern das sind die Schicksale von Menschen in bestimmten Lagen, denen wir nachempfinden können, was sie versäumt oder was sie an Gutem versucht haben.

Alles vollzieht sich im Geflecht historischer Abläufe, und doch ist alles in der Geschichte singulär.

Im geschichtlichen Sinn gibt es natürlich keine Stunde Null, das ist ja klar.

In unserem Europa, das im Zeichen der Freiheit seine

Grenzen wieder geöffnet hat, gilt es, sich nicht nur politisch oder wirtschaftlich, sondern auch im Verständnis der Vergangenheit so gut wie möglich zu vereinigen.

Noch sind wir dabei, aus den späten Schatten des Krieges und seiner Folgen herauszutreten.

Wir lernen aus der Geschichte nicht, was wir tun sollen. Aber wir können aus ihr lernen, was wir bedenken müssen.

Jedes Volk erfährt die Weltgeschichte sicher auf seine Weise. Aber jedes sollte sie als die Geschichte dieser einen Welt erfahren.

Gemeinsam erleben wir eine der seltenen Phasen der Geschichte, in der wahrhaft Neues entsteht und zum Schicksal werden kann.

Hinter allen historischen Erscheinungen offenbart sich etwas von der elementaren und vielfältigen Natur des Menschen.

Geschichte wiederholt sich nicht, aber sie wiederholt ihre Lehren.

Die liberale Demokratie hat in ihrer wesentlichen Form am Ende des Kalten Krieges gesiegt. Doch nun ist eben die Geschichte keineswegs an ihr Ziel gelangt, ohne noch offene Fragen.

Die Weichen für ein neues Kapitel der Geschichte werden jetzt unweigerlich gestellt. Wir werden die Chancen der Zeit erkennen und nutzen oder wir werden sie verfehlen.

Wir wollen uns nicht nur Geschichte aneignen, sondern wir sind auch der Geschichte eigen, sie geht uns unmittelbar an.

Es hat in bezug auf das Böse in der Geschichte nie Sinn, sich darauf zu berufen, der andere sei auch böse oder vielleicht noch böser gewesen. Es hat auch keinen Sinn, aufzurechnen, sondern jeder muß mit dem, was er zu verantworten hat, auf seine Weise fertig werden.

Katastrophen hat es in der Geschichte die Fülle gegeben. Niemand kann sagen, ob wir neuen Katastrophen entgehen.

Wir lernen aus unserer eigenen Geschichte, wozu der Mensch fähig ist. Deshalb dürfen wir uns nicht einbilden, wir seien nun als Menschen anders und besser geworden.

Wenn Geschichte vom Zusammenleben der Menschen in ihrer Zeit berichtet, dann handelt sie vom Selbstverständlichsten, vom Schwersten und vom Entscheidensten für uns Menschen.

Ziehen wir nicht auch heute allzuoft aus der Beobachtung, daß die Umwandlung der großen weiten Welt im wesentlichen ein Werk europäisch geprägter Philosophie und Politik, Wissenschaft und Technik ist, den Schluß, diese Welt sei damit insgesamt auch ein Produkt unserer Geschichte – mit einigen exotischen Relikten?

Alle menschliche Geschichte ist Wandlung, Veränderung. Damit ist die Geschichte selbst der wichtigste Beleg menschlicher Freiheit, den wir haben.

Nationalsozialismus

Der 8. Mai war ein Tag der Befreiung.

Aber wir dürfen nicht im Ende des Krieges die Ursache für Flucht, Vertreibung und Unfreiheit sehen. Sie liegt vielmehr in seinem Anfang und im Beginn jener Gewaltherrschaft, die zum Kriege führte.

Wir dürfen den 8. Mai 1945 nicht vom 30. Januar 1933 trennen.

Das deutsche Volk hat, wie andere Völker auch, immer wieder unter der Geschichte gelitten, wahrlich nicht erst seit 1933. Was aber ihm und seinen Nachbarn unter dem Nationalsozialismus widerfahren ist, dafür kann es nicht andere verantwortlich machen. Es wurde von Verbrechern geführt und hat sich von

Verbrechern führen lassen. Es weiß dies, gerade auch dort, wo es dies lieber nicht wissen will.

Am Anfang der Gewaltherrschaft hatte der abgrundtiefe Haß Hitlers gegen unsere jüdischen Mitmenschen gestanden. Hitler hatte ihn nie vor der Öffentlichkeit verschwiegen, sondern das ganze Volk zum Werkzeug dieses Hasses gemacht.

Widerstand war ein Akt höchstpersönlicher Verantwortung.

Gewiß, es gibt kaum einen Staat, der in seiner Geschichte immer frei blieb von schuldhafter Verstrickung in Krieg und Gewalt. Der Völkermord an den Juden jedoch ist beispiellos in der Geschichte.

Wer konnte arglos bleiben nach den Bränden der

Synagogen, den Plünderungen, der Stigmatisierung mit dem Judenstern, dem Rechtsentzug, den unaufhörlichen Schändungen der menschlichen Würde?

Wer seine Ohren und Augen aufmachte, wer sich informieren wollte, dem konnte nicht entgehen, daß Deportationszüge rollten.

Die Phantasie der Menschen mochte für Art und Ausmaß der Vernichtung nicht ausreichen. Aber in Wirklichkeit trat zu den Verbrechen selbst der Versuch allzu vieler, auch in meiner Generation, die wir jung und an der Planung und Ausführung der Ereignisse unbeteiligt waren, nicht zur Kenntnis zu nehmen, was geschah.

Es gab viele Formen, das Gewissen ablenken zu lassen, nicht zuständig zu sein, wegzuschauen, zu schweigen.

Daß 1933 Hitler an die Macht kam, lag nicht daran, daß es in der Weimarer Zeit schon zu viele Nationalsozialisten gegeben hatte, sondern daran, daß zu wenig Demokraten dagewesen waren, die sich des unschätzbaren Wertes der Verfassung bewußt gewesen waren und sie zusammen verteidigt hätten.

Schuld oder Unschuld eines ganzen Volkes gibt es nicht. Schuld ist, wie Unschuld, nicht kollektiv, sondern persönlich.

Wir alle, ob schuldig oder nicht, ob alt oder jung, müssen die Vergangenheit annehmen. Wir alle sind von ihren Folgen betroffen und für sie in Haftung genommen.

Was uns alle miteinander, unabhängig vom Alter, begleitet, das ist die Verantwortung für die Folgen dieses Kapitels der Geschichte.

Hitler hat stets damit gearbeitet, Vorurteile, Feindschaften und Haß zu schüren.

In der Zeit des Nationalsozialismus war die Macht geistlos und geistfeindlich. Dort wurde deutlich, wie der eigentliche Kern des Geistes, das Gewissen, sein sollte. Es war gerade dieser Kern, nämlich das Gewissen im Inneren des Geistes, den die Macht zum Schweigen brachte.

Es gab, wie wir alle wissen, keine staatliche oder gesellschaftliche Institution, keinen Berufsstand und keine Schicht als ganzes, die den Widerstand gegen Hitler getragen hätte. Vielmehr waren es Gedanken und Entscheidungen einzelner Menschen, die sich zur Einsicht durchrangen, es müsse Widerstand geleistet werden durch Wort und Tat, und zwar gegen die erzwungene, widerwillige oder freiwillige Haltung ihrer eigenen Institution oder Schicht.

In der Weißen Rose begegnet uns ein

Bild der Menschenwürde, der wir alle verpflichtet sind.

Es geht nicht darum, Vergangenheit zu bewältigen. Das kann man gar nicht. Sie läßt sich ja nicht nachträglich ändern oder ungeschehen machen. Wer aber vor der Vergangenheit die Augen verschließt, wird blind für die Gegenwart. Wer sich der Unmenschlichkeit nicht erinnern will, der wird wieder anfällig für neue Ansteckungsgefahren.

Bewältigt ist eine Vergangenheit bekanntlich nie. Und die Verantwortung für ihre Folgen hört gleichfalls nicht auf.

Allen politisch denkenden Menschen jener Zeit war klar, daß der deutsch-sowjetische Pakt Hitlers Einmarsch in Polen und damit den Zweiten Weltkrieg bedeutete.

Es war Hitler, der zur Gewalt griff. Der Ausbruch des Zweiten Weltkrieges bleibt mit dem deutschen Namen verbunden.

Können wir uns wirklich in die Lage von Angehörigen der Opfer des Warschauer Ghettos oder des Massakers von Lidice versetzen?

Der Holocaust ist ein Ereignis in der Geschichte, das die Identität der Juden und der Deutschen in ihrem Kern beeinflußt hat und immer beeinflussen wird.

Europa

Zum ersten Mal seit den fünfziger Jahren kommt es wieder zu neuen europäischen Grundsatzdebatten.

Es ist schon ziemlich lange her, daß der europäischen Staatenwelt vorhergesagt wurde, bald werde sie nicht mehr fähig sein, ihre Geschichte aus eigener Kraft zu bestimmen.

Das Zeitalter der »Balance of Power« zwischen voll souveränen Nationen ist vorüber. Aber auch eine Vorherrschaft globaler Supermächte bestimmt nicht mehr unseren weiteren europäischen Weg. Vielmehr haben die europäischen Völker selbst die Chance, ihre Beziehungen zueinander so zu verstetigen und zu institutionalisieren, daß daraus erstmals eine gemeinsame Lebens- und Friedensordnung werden kann.

Europa ist nicht nur die EG.

Europa braucht einen geistigen Binnenmarkt ebenso wie einen wirtschaftlichen.

Vielmehr geht es für ganz Europa um eine durch Rechtsregeln beschirmte und beschränkte Gemeinschaft, wie sie schon Immanuel Kant vorschwebte ...

Europäer wird man nicht nur aus Überzeugung, sondern vor allem auch durch Erfahrung und Kenntnis der Vielfalt Europas.

Stets bestand der Reichtum unseres Kontinents in seiner Vielfalt.

Der relativ enge Raum hat in Europa niemals ein gleichgültiges, voneinander abgewandtes

Nebeneinanderleben geduldet. Stets waren seine Völker vom dialektischen Konflikt zwischen Gegensatz und Gemeinsamkeit, Differenzierung und Vereinheitlichung geprägt. Aus ihm sind Leistungen und Leiden europäischer Geschichte hervorgegangen.

Das, was wir westlich nennen, ist nicht amerikanisch, sondern europäisch.

In meiner Altersgruppe vergißt man nicht, wie unüberschätzbar groß der Wert der europäischen Annäherung und Zusammenarbeit und insbesondere der deutsch-französischen Freundschaft ist.

Wer als junger Mensch solche Eindrücke empfangen hat, wer erlebt hat, daß seine eigene Heimat im ganzen Ausland mit Mißtrauen und allmählich auch mit Haß betrachtet wurde, der vergißt das nicht. Er empfindet die heutigen Schwierigkeiten des europäischen Zusammenwachsens als gering und geradezu dankbar im Vergleich zu der bösen Vergangenheit.

Wir kennen in der europäischen Geschichte mehr als ein Beispiel dafür, daß dem erwünschten Zusammenbruch der von einer Vormacht gewaltsam durchgesetzten Zwangsstabilität eine ungehemmte Labilität folgte, daß sich also aus einer heroischen Befreiung ein gefährlicher Partikularismus und am Ende Chaos entwickelten. Balkanisierung ist dafür zum berüchtigten Begriff geworden.

Der Europäer erfährt Leben und Geschichte existentiell als etwas Krisenhaftes. Über Krisen philosophisch oder auch ganz praktisch nachzudenken und laut darüber zu sprechen, gehört zu seiner Lebensform.

Heute stehen wir vor der klaren Alternative, Europa zu einigen oder in die latent immer vorhandenen alten Streitstrukturen der vielen Staaten und Volksgruppen zurückzufallen.

Wenn uns die Einigung Europas nicht gelingt, werden wir es destabilisieren.

Es darf kein neuer ökonomischer Eiserner Vorhang weiter östlich entstehen.

Mitteleuropa ist ein unscharfes, ein polyzentrisches, vielsprachiges Gebilde.

Nation und Europa werden zu zwei Schichten unserer Identität, die sich gegenseitig brauchen und durchdringen.

Europa rückt, wenn auch unter täglichem Geächze und Gestöhne, Schritt für Schritt in eine Richtung vor, die es so in seiner Geschichte bisher nie gegeben hat.

Wir in Europa leben heute in einer Zeit des Umbruchs, wie die Geschichte ihn nicht oft bietet. Die Frage ist, ob wir uns mit kleinen Siegesfeiern des westlichen Lebensmodells begnügen, oder ob wir zusammen mit den geistigen Impulsen der Freiheitsbewegungen unserer Tage Ansätze suchen, die uns weiterführen.

Die Gemeinschaft ist zum Magneten geworden. Nun muß sie sich sowohl als Motor wie auch als stabilisierendes Element bewähren.

Wir alle wissen, daß die Entscheidungsprozesse in der Gemeinschaft in hohem Maße verwirrend und undurchschaubar sind.

Die Bürger in den Mitgliedsstaaten spüren in ihrem täglichen Leben sehr nachhaltig den Einfluß der Gemeinschaft. Aber wie er zustande kommt, bleibt für sie ein anonymer Vorgang.

Es muß zu klaren, demokratisch kontrollierten Befugnissen für die europäische Gesetzgebung und Exekutive kommen.

Von den Tagen der Frühromantik bis zur Postmoderne der Gegenwart stellen wir fest, daß sich bestimmte künstlerische Formen in Architektur und Kunst innerhalb kurzer Zeit über ganz Europa ausbreiten. Das ist nicht nur ein ästhetisches Phänomen, für das es in der übrigen Weltgeschichte kaum eine Parallele gibt. Denn was wir in der Kunstgeschichte ›Stil‹ nennen, ist ja seinerseits Ausdruck eines bestimmten Lebensgefühls und einer geistigen Situation, einer Sicht der Welt und des Menschen in der Welt.

Unsere Zusammengehörigkeit in Europa ist oft beschrieben worden. Sie besteht aus mehr als einer Einheit in ihrer Vielfalt, und sie geht über die Notwendigkeit gegenseitiger Achtung der heimatlichen Unterschiede hinaus.

Allen regional verschiedenen Ausprägungen zum Trotz gehören wir einer Kultur mit gemeinsamen religiösen und philosophischen Quellen an, und ihre geistigen und moralischen, ihre politischen und sozialen Impulse sind bis auf den heutigen Tag wirksam.

Die Europäische Gemeinschaft ist auf dem Weg zu einer politischen Union, aber nicht zu einem Staat.

Der Gedanke des Rechts … ist eine der dauernden Grundlagen der geistigen Einheit Europas.

Das Europa, das wir schaffen wollen, hat es so noch nicht gegeben.

Europa muß, seinem Erbe getreu, einen neuen Humanismus verkörpern, als Hort der Menschenwürde und der sozialen Gerechtigkeit.

Die klassische Antike, die Idee des Rechts und des Staates, das Christentum mit allen seinen unterschiedlichen Auswirkungen auf das europäische Denken, der Gedanke der Freiheit, das Bewußtsein eines geläuterten Identitätsgefühls, das sind die Elemente, die wir aus unserer Geschichte hinübernehmen und zum Aufbau des neuen Europa benutzen wollen …

Die Zeit des arroganten Eurozentrismus ist vorüber.

Europa, das so viel Unruhe über die Welt gebracht hat, ist es der Völkergemeinschaft schuldig, sein Potential bei der Bewältigung der Herausforderungen des nächsten Jahrhunderts einzubringen …

Gegen Ende dieses für Europa insgesamt schweren Jahrhunderts haben wir eine neue, große Chance zu zeigen, daß die Lehren nicht ganz umsonst waren.

In Europa bietet sich erstmals die Chance einer Zusammenarbeit, die über die historische Erfahrung der bloßen Bündnisverträge der wechselnden Allianzen und der Machtpolitik einer Balance hinausgeht.

Wer das Verlangen der Menschen nach Verwurzelung in ihrer Heimat ignoriert, verliert die Unterstützung für den Weg nach Europa.

Selbstverständlich werden die Nationalstaaten nicht aufhören, in Europa zu existieren. Auch die deutsche Nation wird fortbestehen mit demselben Recht und Gewicht wie andere. Aber sie wird eben nur dann ihre Interessen wahren, wenn sie sich konzentriert und kraftvoll für die Vereinigung Europas einsetzt.

Zukunft

Die Zukunft ist offen, niemand kennt sie. Wir haben weder die Gabe noch die Aufgabe, aufgrund unseres Bildes von der Gegenwart zu prophezeien, wie alles wahrscheinlich werden wird.

Es ist wahr, daß das aus früherer Zeit vertraute Relief Europas von neuem sichtbar wird. Dennoch ist es wenig wahrscheinlich, daß wir zu einer Dominanz alter Spannungen zurückkehren werden.

Die entscheidende Aufgabe für uns im Norden ist es, Schritt für Schritt ein Modell des Lebens und auch des menschlichen Wohlstandes zu entwickeln, das unsere Natur ohne bleibende Zerstörung der Umwelt auch dann erträgt, wenn es für die ganze Erdbevölkerung von fünf bis zehn Milliarden oder noch mehr Menschen zugänglich werden sollte.

Es kann durchaus sein, daß bei verkürzter Lohnarbeit und bei verlängerter, sogenannter Freizeit die Menschen keineswegs weniger aktiv, keineswegs weniger erfüllt sind. Vielleicht ›arbeiten‹ sie sogar in manchem in der sogenannten Freizeit etwas stärker selbstbestimmt und auch etwas stärker schöpferisch.

Die Marktwirtschaft muß zu etwas fähig werden, was bisher kein System geschafft hat, nämlich die ökologische Rücksichtnahme zum Bestandteil ihres eigenen Mechanismus zu machen, wenn sie weiterleben will.

Damit die Zivilisation die Herausforderungen der Zukunft bewältigen kann, muß sie gesellschaftliche Bindungen weiterentwickeln.

Ein offenes Europa ist unser Ziel, das seine nationalistischen Irrwege und Bürgerkriege hinter sich gelassen hat und seine Talente und Fähigkeiten für die großen Aufgaben einer zusammenwachsenden Menschheit einzusetzen weiß.

Wir als Deutsche werden den Weg, Teile der staatlichen Souveränität freiwillig abzugeben, weiterhin vorangehen müssen, um andere in aller Freundschaft zum Mitgehen zu veranlassen – um nicht zu sagen: zu nötigen.

Wir haben keine andere Wahl, als den Umweltschutz zur Wachstumsindustrie zu machen und dafür zu sorgen, daß die Marktpreise die ökologische Wahrheit sagen.

Wir sind nicht mehr begeisterte Kinder der Aufklärung, dürfen aber auch nicht Aufklärungspensionäre werden, die glauben, sie könnten von den geistigen Ersparnissen einer früheren Zeit gut leben.

Verantwortungsbewußte Freude und Tatkraft sind angebracht.

Es liegt in der Natur des Menschen und seiner Gesellschaft, daß wir eine konfliktfreie Welt nicht erwarten dürfen.

Die Entwicklung in Richtung auf eine moderne Weltgesellschaft ist unumkehrbar.

Was mich wirklich beunruhigt, ist, daß wir zwar alles erforschen, was diese Welt uns bietet, aber bisher die Wirkung der elektronischen Medien auf die menschliche Seele und den menschlichen Geist vernachlässigt haben.

Doch eine Arche Noah, die nur uns ins nächste Jahrtausend hinüberrettet, die wir in den gemäßigten Klimazonen angenehm und technisch hochentwickelt leben – das wird es nicht geben. Wir werden nur gemeinsam überleben können.

Doch es wird weiterhin Utopien geben, wenn sie Hoffnungen auf eine veränderte Zukunft zum Ausdruck bringen, Hoffnungen auf Verbesserungen heutiger Zustände, die man als schwer erträglich empfindet.

Jean-Jacques Rousseau

Rousseau hielt nur ein Volk von Göttern für geeignet, sich demokratisch zu regieren.

Martin Luther

Es war das Gewissen des Glaubens, das Luther trieb, das Leben und die Lehre der Kirche immer wieder selbstkritisch an ihren biblischen Grundlagen zu überprüfen, ohne daß die Menschen sich dabei göttliche Kraft anmaßen.

Schon seine Sprache gehört allen Gläubigen und Ungläubigen.

Er hat das Wort der Welt ausgesetzt, gleichsam aus den Mauern der Kirche herausgeholt.

Willy Brandt
Er hat eine Epoche geprägt.

Er hat das Verhältnis der Deutschen zur Welt wie auch der Welt zu Deutschland verändert.

Heinrich Heine
Deutschland blieb für ihn das »Land der Rätsel und der Schmerzen«.

Was mich an Heine am meisten beeindruckt, neben seinem Verstand, seinem Witz und seiner dichterischen Kraft, ist seine Courage.

Es gibt in ihm keine falsche Heiligkeit. Doch steckt in allem ein tiefer Ernst.

Keine Ideologie oder Sekte kann sich auf ihn berufen.

Er gehört überhaupt niemandem.

Theodor Eschenburg

Mit seiner Fähigkeit zur nachdenklichen Fairneß und zum unerbittlichen Urteil wurde Theodor Eschenburg, der Lehrmeister der Institutionen, als Person zur Institution. Er wurde zum Mentor einer ganzen Generation von Wissenschaftlern, Publizisten und Politikern.

Weiße Rose

Sie scheute sich nicht, das deutsche Volk an die aristotelische und christliche Ethik zu erinnern.

Das Politische an ihnen war ihr Ethos.

Herbert Wehner

Er war gezeichnet vom schweren Weg der Deutschen durch dieses Jahrhundert. Er hat mit wachem

Gewissen und unerbittlicher Konsequenz aus eigenen Erfahrungen Lehren gezogen.

Er hat nicht durch Ämter, sondern durch sein Wesen uns alle in seinen Bann geschlagen, das Wohl seines Landes gemehrt und den Frieden in Europa gestärkt.

Halldór Laxness

Seine Werke sowohl aus der Geschichte wie aus der Gegenwart sind von dem einen großen gleichbleibenden Gedanken des Humanen durchzogen.

Joseph Beuys

Ich bin kein sachverständiger Liebhaber aller Schöpfungen von Joseph Beuys. Aber ich bin beeindruckt von seinem pädagogischen Kunstbegriff und seinen Forderungen, daß wir uns nicht in Künstler und Nichtkünstler einteilen lassen dürfen.

Theodor Heuss

Er hat uns heimisch gemacht in seinem Verständnis verantworteter Freiheit, mit seinen geistigen Impulsen für unsere Demokratie und vor allem in seiner Humanität.

Ernst Reuter

Ernst Reuter war ein Mann, der seine Zeit und seine wahre Lebensaufgabe fand, wie es nur selten geschieht.

Sein Name wird Bestand haben.

Marcel Proust

Aber von Proust haben wir gelernt, daß das wahre Glück dem Zufall der wirklichen Erinnerung entspringt.

Friedrich Ebert

Friedrich Ebert war ein Demokrat in einer noch

weithin undemokratischen Zeit. Darin liegt seine
Tragik wie auch seine Größe.

Simón Bolivar

Die politischen Grundgedanken, für die Simón Bolivar in der Neuen Welt eingetreten ist, haben die Zeit überdauert. Ja, mehr noch, mit der zunehmenden internationalen Verflechtung hat sich ihre Bedeutung als Maßstab politischen Handelns erhöht.

Friedrich der Große

Er war und blieb den Menschen ein Rätsel, das er selbst nicht auflösen wollte.

Kein Volk, auch nicht das unsrige, ist reich an vergleichbaren Persönlichkeiten, deren Maßstäbe weit über ihre Lebzeiten fortwirken.

Nikolai Lesskow

Er hat mich tief berührt.

Mustafa Kemal Atatürk

Atatürk war einer der wahrhaft bedeutenden Staatsmänner unseres Jahrhunderts.

Sein Verständnis für Menschen und sein illusionsloser, weitreichender Realitätssinn gaben ihm die Kraft, einem Staat, einem ganzen Volk neues Selbstbewußtsein zu geben und neue Ziele zu setzen.

Heinz Galinski

Er hat uns wahrhaftig immer wieder die Leviten gelesen.

Egon Bahr

Ich kenne keinen Politiker der letzten 25 Jahre, der zwar nicht immer offen in seinen Informationen, aber so unerbittlich aufrichtig gegenüber den Verhältnissen zu sein sich bemühte und zugleich so viel bewegt hat.

Franz Kafka

Wer versteht unsere eigene Lebensweise in der Innen- und Außenwelt tiefer und besser als Kafka, als Prag?

Hans-Dietrich Genscher

So etwas bildet sich nicht quasi von selbst, sondern durch unglaubliche Zähigkeit, stete Wachheit und auch die Bereitschaft, Kritik, Gegnerschaft, ja Argwohn zu ertragen.

Ocatvio Paz

Niemand hat die sozialen, wirtschaftlichen, politischen und kulturellen Probleme Lateinamerikas tiefer durchdacht als Octavio Paz.

Jorge Luis Borges

Borges hilft uns, unsere eigenen Aufgaben besser zu verstehen.

Bernhard Minetti

Manchmal ist der Advent schöner, aber nie, wenn Minetti spielt.

Vaclav Havel

Was ich an Havel immer bewundert habe, ist sein völlig kompromißloser Freiheitswille, kombiniert mit seinem intellektuell und moralisch scharfen Blick für die Schwächen des Lebens unter den Bedingungen der Freiheit.

Er denkt immer neu und selbständig. Man begegnet bei ihm keinen Formeln oder gar Leerformeln.

Aristoteles

Aristoteles hat uns das gegeben, was wir in unserer gegenwärtigen Welt, in der selbst die Wissenschaften kein Gefühl der Sicherheit mehr vermitteln können, am dringendsten benötigen: eine Ethik.

Erasmus von Rotterdam

Sein Humanismus, seine Toleranz und Mäßigung gerade in der Zeit schärfster ideologischer Auseinandersetzungen zu Beginn der Reformationszeit haben nichts von ihrer Aktualität eingebüßt.

Franz Josef Strauß

Er liebte es, mehrere offene Türen vor sich zu haben und nicht vorschnell durch eine von ihnen hindurchzugehen, nur um damit die anderen Optionen zu entwerten.

Niemandem ließ er den Ausweg, gleichgültig zu bleiben.

Hans Werner Henze

Es gibt Kundigere als ich es bin, die vorhersagen, Henze werde einer unter nur einer Handvoll Namen sein, die in einer fernen Zukunft als zentrale

Persönlichkeiten des Musiklebens unseres gegenwärtigen 20. Jahrhunderts empfunden werden.

Giacomo Meyerbeer

Meyerbeer wurde in unserem Jahrhundert sehr zu Unrecht in der allgemeinen Wertschätzung zu weit hinter Richard Wagner und Giuseppe Verdi zurückgedrängt, obwohl er die Musik des 19. Jahrhunderts revolutionierte …

Marion Gräfin Dönhoff

Es gab bei ihr keine seelisch-geistigen Rösselsprünge.

Wassily Kandinsky

Allen heftigen Kontroversen, allen Auflehnungen zum Trotz hat gerade Kandinsky es immer wieder vermocht, zur Klärung des Geistes von uns Laien beizutragen, unsere Phantasie zu beleben und zugleich unsere Gefühle zu erwärmen.

Immanuel Kant

Kant hat uns gelehrt, daß ohne die sittlichen Pflichten Freiheit undenkbar ist.

Bismarck

Bismarck hat, in Fortsetzung der Kabinettspolitik des 18. Jahrhunderts, Interessenpolitik verstanden im Sinne nüchterner Staatsinteressen, im Gegensatz zu allgemeinen Ideen. Er war damit erfolgreich. Doch das Zeitalter des Nationalismus, das Interessen schließlich nur noch als unmittelbaren Gewinn, Vorteil und Nutzen – in der Regel auf Kosten anderer – zu verstehen wußte, nahm ein böses Ende.

Maximen

Es geht nicht um große Taten, die wir uns vornehmen.
Es geht um die Pflichten und Freuden
eines jeden Tages.

Ungerechtigkeit stiftet Unfrieden.

In Wahrheit aber ist der Mensch selber nur ein Faktor unter anderen im Haushalt der Natur. Er gehört mit seiner staatlichen Verfassung, seinem Wirtschaftsgebaren und seiner gewaltigen Industrieproduktion der Natur an und muß lernen, das Ganze zu wahren, dessen Teil er ist.

Gesetze zu verschärfen, ist manchmal nötig. Wichtiger ist es, unser eigenes Gewissen zu schärfen.

Versöhnung unter Menschen kann ohne Wahrheit nicht gelingen. Wahrheit ohne Aussicht auf Versöhnung aber ist unmenschlich.

Ein altes spanisches Sprichwort sagt: ›Gott ist ein guter Arbeiter, aber er läßt sich gern helfen.‹ Ich meine, das ist eine tröstliche Verpflichtung.

Nur wenn wir zu uns selbst finden, können wir die Wesensart des anderen erkennen und respektieren.

Wichtiger als die Frage, welche politischen Meinungen einer hat, welche Partei er wählt, was er über die laufenden öffentlichen Streitfragen denkt, sind seine Überzeugungen, nach denen er lebt und handelt.

Das Lebenserhaltende ist die Vielfalt.

Optimismus ist oft nur eine Frage des Zeithorizonts.

Wir verstehen uns selbst um so tiefer, je mehr wir vom Leben anderer erfahren, je offener wir unsere Fragen austauschen, um die Zukunft zu gestalten.

Die wichtigste Aufgabe für uns, die wir heute Verantwortung tragen, ist die lebenswerte Zukunft für nachfolgende Generationen.

Nichts ist leichter als die Schwierigkeiten zu schildern, die wir immer zu überwinden haben.

Wir gehen durchs Leben wie über ein Hochseil, in den Händen die Balancierstange namens Lernen und Toleranz.

Je größer und mächtiger ein Volk ist,
desto deutlicher werden im allgemeinen
auch seine Schwächen in der Welt
wahrgenommen.

Es ist immer leicht, aus der eigenen Erfahrung zu
sprechen und sehr schwer, sich in einen anderen
Menschen zu versetzen.

Vergangenheit kann man nicht bewältigen,
man kann sie nur verantwortlich zu verstehen
versuchen.

Freiheit ist Mitverantwortung.

Das Schwierige an der Wahrheit ist aber nicht nur die
Aufdeckung der Sachverhalte, sondern das
menschliche Ziel der ganzen Anstrengung,

nämlich Verständigung untereinander, Versöhnung.

Wahrheitssuche ohne Absicht und Aussicht auf Verständigung und Versöhnung ist unmenschlich.

Menschen ohne inneres Gleichgewicht im Verhältnis zu sich selbst sind sich eine Quelle des Unfriedens.

Kunst unserer Zeit nicht zu verstehen, ist in Wahrheit oft ein Signal dafür, daß man sich selbst nicht versteht. Wer in dieser Lage auf die Kunst schimpft, unternimmt nur den auf die Dauer untauglichen Versuch, ein wesentliches Stück seiner eigenen Wirklichkeit zu verdrängen.

Erinnerung belastet nicht, sie befreit.

Jedes Gedenken ist ein Akt unserer eigenen Gegenwart.

Nichts ist wichtiger im Leben als die Erfahrung zu machen, daß man einem Anspruch, den man an sich selbst stellt, auch genügen kann.

Weltoffenheit setzt Verwurzelung voraus.

Kinder, die folgenden Generationen, sind die größte und stärkste Verpflichtung, die wir auf Erden haben.

Auch die Mehrheit kann sich irren.

Selbstkritik ist immer das Überzeugendste. Und sie ist rar genug.

Entscheidend ist die Freiheit. Sie allein macht es möglich, das richtige Ziel und die richtigen Mittel und Wege zu suchen.

So wenig die Liebe zum Eigenen taugt, wenn sie nicht das Verständnis für anderes aufschließt, so wenig taugt eine Liebe zum Fremden, wenn sie nicht auf der Liebe zum Eigenen beruht.

Aber das, was den Menschen eine Lage wirklich verständlich macht, ist ja nicht auf den Verstand beschränkt, ist vielleicht sogar nur zum geringen Teil vom Verstand bestimmt, sondern vom Lebensgefühl.

Wir werden die Natur nie beherrschen, vielmehr sind wir ein Teil des lebenserhaltenden Kreislaufs. Wir werden es bleiben, wenn wir ihn nicht zerstören, sondern achten.

Wir können den jungen Menschen die ideellen Werte nicht vorschreiben. Wir können uns nur darum bemühen, die ideellen Werte, die für unser eigenes Leben wichtig sind, in einer glaubwürdigen Weise vorzuleben.

Mit der Achtung gegenüber dem anderen wächst auch die Selbstachtung.

Wichtig ist nicht unbedingt, in einer bestimmten Zeit ein bestimmtes Ziel zu erreichen, sondern unterwegs zu sein.

Goethe wußte, warum er auf die Frage, was das Wichtigste sei und worauf alles ankomme, antwortete: Die Forderung des Tages.

Wer die Aufforderung zur Mitverantwortung für andere nur als eine lästige Ablenkung von seinen nationalen Zielen empfindet, hat ein falsches Verständnis von seinem eigenen langfristigen Nutzen.

Chronik

15. April 1920
Richard Freiherr von Weizsäcker in Stuttgart geboren

1926
Erster Schulbesuch in Kopenhagen

1927 – 1933
Schulbesuch in Berlin-Wilmersdorf

1933 – 1937
›Literarschule‹ in Bern

16. März 1937
Abitur am Bismarck-Gymnasium in Berlin, danach Aufenthalt in England

1937/1938
Wintersemester in Grenoble (Sprachen, Philosophie)

März 1938
Der Vater Ernst von Weizsäcker wird Staatssekretär im Auswärtigen Amt; Arbeitsdienst Richard von Weizsäckers

1938–1939
Ausbildung beim 9. Infanterie-Regiment in Potsdam

September 1939
Einmarsch in Polen; Tod des Bruders Heinrich; Richard von Weizsäcker wird als Ordonnanz versetzt

1940
Offiziersanwärter

1941–1942
Teilnahme am Rußland-Feldzug als Fähnrich, später als Leutnant

Juli 1941
Armdurchschuß

Richard von Weizsäcker
Von Deutschland nach Europa
Die bewegende Kraft der Geschichte
Berlin: Siedler Verlag 1991

Interview mit Fritz Pleitgen in der ARD,
abgedruckt in: Frankfurter Rundschau,
10. März 1994

Interview mit der Wochenpost,
17. Februar 1994

Friedbert Pflüger:
Richard v. Weizsäcker
Ein Portrait aus der Nähe
Deutsche Verlags-Anstalt, Stuttgart 1990

Harald Steffahn:
Richard v. Weizsäcker
rororo Monographie
Rowohlt Taschenbuch Verlag, Reinbek b. Hamburg
1991

Manfred Hüttich:
Fragen an Richard v. Weizsäcker
Hase und Koehler Verlag, Mainz/München 1990

Rudolf Schröck:
Richard v. Weizsäcker
Eine Bildbiographie
Wilhelm Heyne Verlag, München 1992